Cornelius Scholz

An die kreativen Irren – tobt euch aus!

Das ausgeflippteste Journal der Welt

Ein Tagebuch zu führen ist eine großartige Art, Gedanken und Ereignisse des täglichen Lebens festzuhalten. Aber die meisten Menschen fühlen sich eingeschüchtert, mit dem Tagebuchführen zu beginnen - und erst recht es beizubehalten! Für manche ist allein schon die Vorstellung entmutigend, auf ein leeres Blatt Papier zu starren.

Dieses Journal ist die Lösung für dieses Problem!

Dieses Buch bietet dir eine Reihe von Ideen, die dich ermutigen werden, deine eigene Tagebuchreise zu starten und nimmt dir dabei den Druck der Perfektion. Tatsächlich geht es in diesem Journal genau um all diese chaotischen, verwirrenden und falschen Lebenswahrheiten. Damit zu arbeiten und es zu zerstören wird dich ermutigen, deinen eigenen wahren kreativen Prozess zu beginnen. Diese »zerstörerischen« Handlungen werden dich nämlich genau dazu bringen, dein produktives Potenzial zu entwickeln, um dein wahres Selbst zum Vorschein zu bringen.

Entdecke mit Hilfe dieses Buches eine neue Kunstform und eine neue Art des Tagebuchschreibens, die dir neue Wege aufzeigt, die Angst vor der leeren Seite zu überwinden und somit vollständig in deinen eigenen kreativen Prozess einzutauchen.

Ein Haus wird erst zu einem Zuhause mit den richtigen Menschen.

Fülle dieses Haus, indem du deine Familienmitglieder mit dem Fuß hineinmalst. Gehe barfuß nach draußen und dann male mit dem Schmutz! (Wische deine Füße am Blatt ab, springe rauf und runter, werde wild!)

KAFFEEPAUSE!

Kippe, gieße, tropfe, spucke oder male hier mit deinem Kaffee.
Übertreibe es!

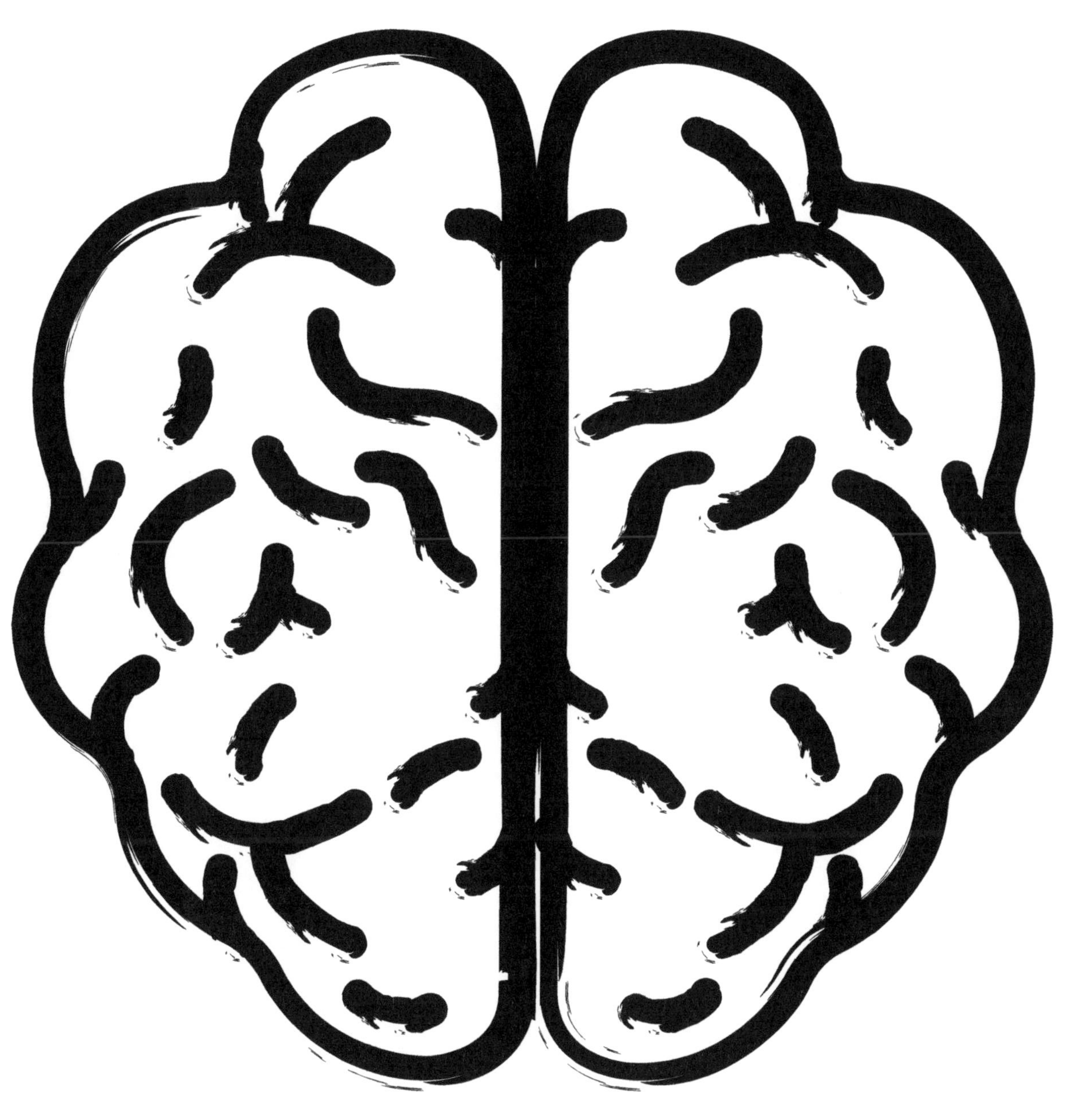

BLEIB SCHLAU!

Zeichne eine Karte deines Gehirns mit dicken und feinen Linien. Drücke richtig fest auf mit deinem Kugelschreiber oder Bleistift, bis es auf die nächste Seite durchdrückt.

BRING DEINEN KOPF INS SPIEL!

Kennst du diese Tage, an denen du glaubst, den Verstand zu verlieren? Lass ihn uns finden! Schnapp dir einen Bleistift und zeichne ein paar zarte Striche auf das Blatt. Hoch, runter, seitwärts - ohne Richtung, einfach so drauflos!

SEI ZUM SCHREIEN KOMISCH!

Diese Eule hat keine Federn und braucht deine Hilfe! Nimm dafür deine schmutzigen Handflächen oder Fingerspitzen und presse sie auf das Blatt, um der Eule Federn zu verpassen!

HÖR NICHT AUF!

Male eine unendliche Linie bis du die ganze Seite damit gefüllt hast.

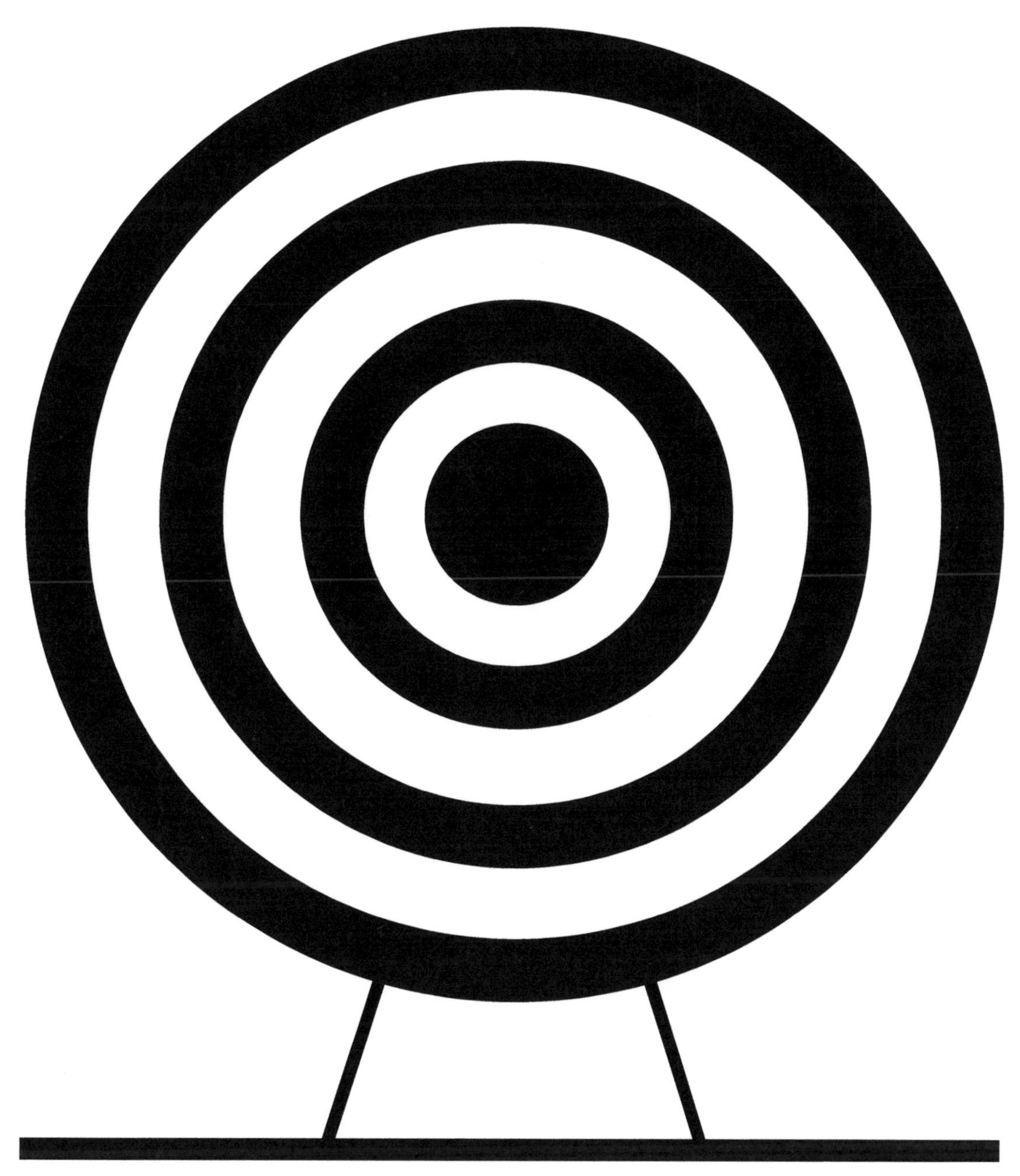

ZIELEN, SCHIESSEN, TREFFEN!

Wer sagt, dass du nicht bequem zu Hause spielen kannst?
Zerknülle eine Seite aus diesem Buch. Versuche so viele Treffer
wie möglich zu landen beim Anvisieren deines Ziels

RAPUNZEL, RAPUNZEL, LASS DEIN HAAR HERUNTER!

Hilf Rapunzel ihr Haar runterzulassen. Zerreiße diese Seite ohne Unterbrechung in Streifen und gib ihr fließendes, langes Haar.

WIR SIND HIER ALLE ZUSAMMEN!

Oh, nein! Dieses Entenbaby wurde von seiner Mama und seinen Geschwistern getrennt! Klebe, tackere oder binde diese Seiten zusammen, damit sie wieder vereint sein können.

ARSCHKALT!

Hilf Kent, dem Schaf, sich im Winter warmzuhalten. Zeichne kleine, große oder halbe Kreise als seine Wolle!

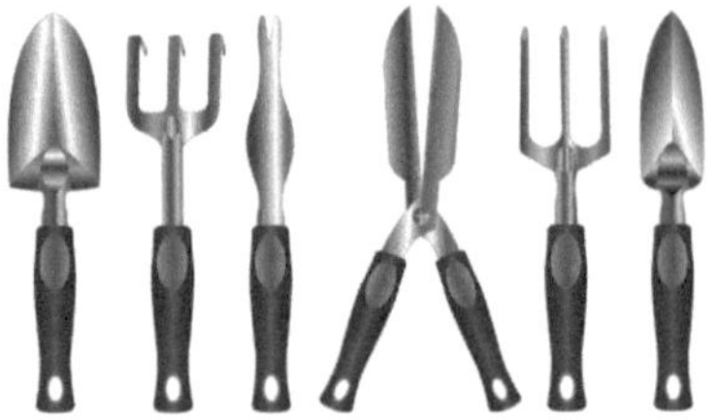

WIR WOLLEN WAS BEWEGEN!

Hilf deinem örtlichen Lieferanten, diese Pakete zu ihren Besitzern zu bringen, indem du Linien zeichnest.

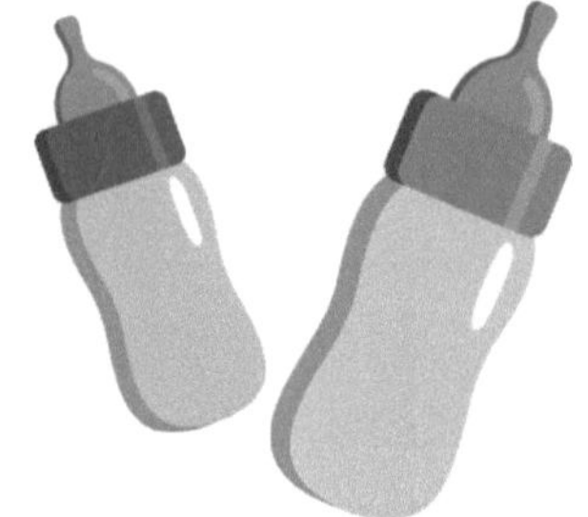

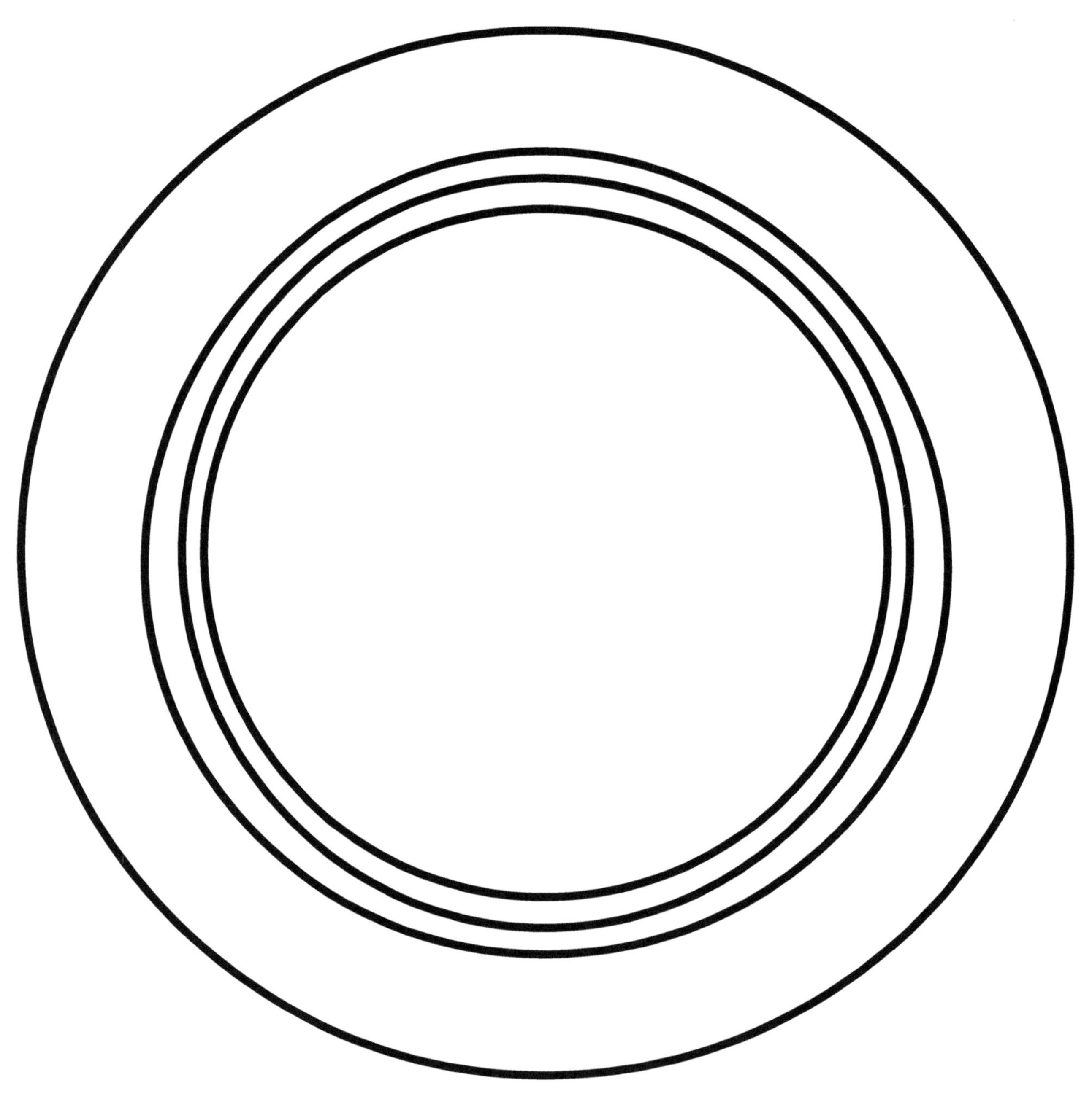

RÜLPSE!

Halte dein Abendessen von heute fest. Reibe, schmiere, verspritze dein Essen - du kannst sogar diese Seite als Serviette benutzen.

WASSER MARSCH!

Oh, nein! Der Waldfluss ist ausgetrocknet und nun haben die Waldtiere kein Trinkwasser mehr! Lass Wasser durch den vertrockneten Fluss laufen, um den Tieren zu helfen!

SCHREIBE DRAUFLOS! JETZT. DENKE NICHT DRÜBER NACH.

DO IT YOURSELF!

Schreibe selbst eine Liste mit weiteren Methoden, um dieses
Tagebuch fertig zu machen!

DER FLECK MACHT DEN UNTERSCHIED!

Oh, nein! Dieser Leopard hat seine Flecken verloren! Stich Löcher in diese Seite, damit der Leopard seine Flecken wiederbekommt!

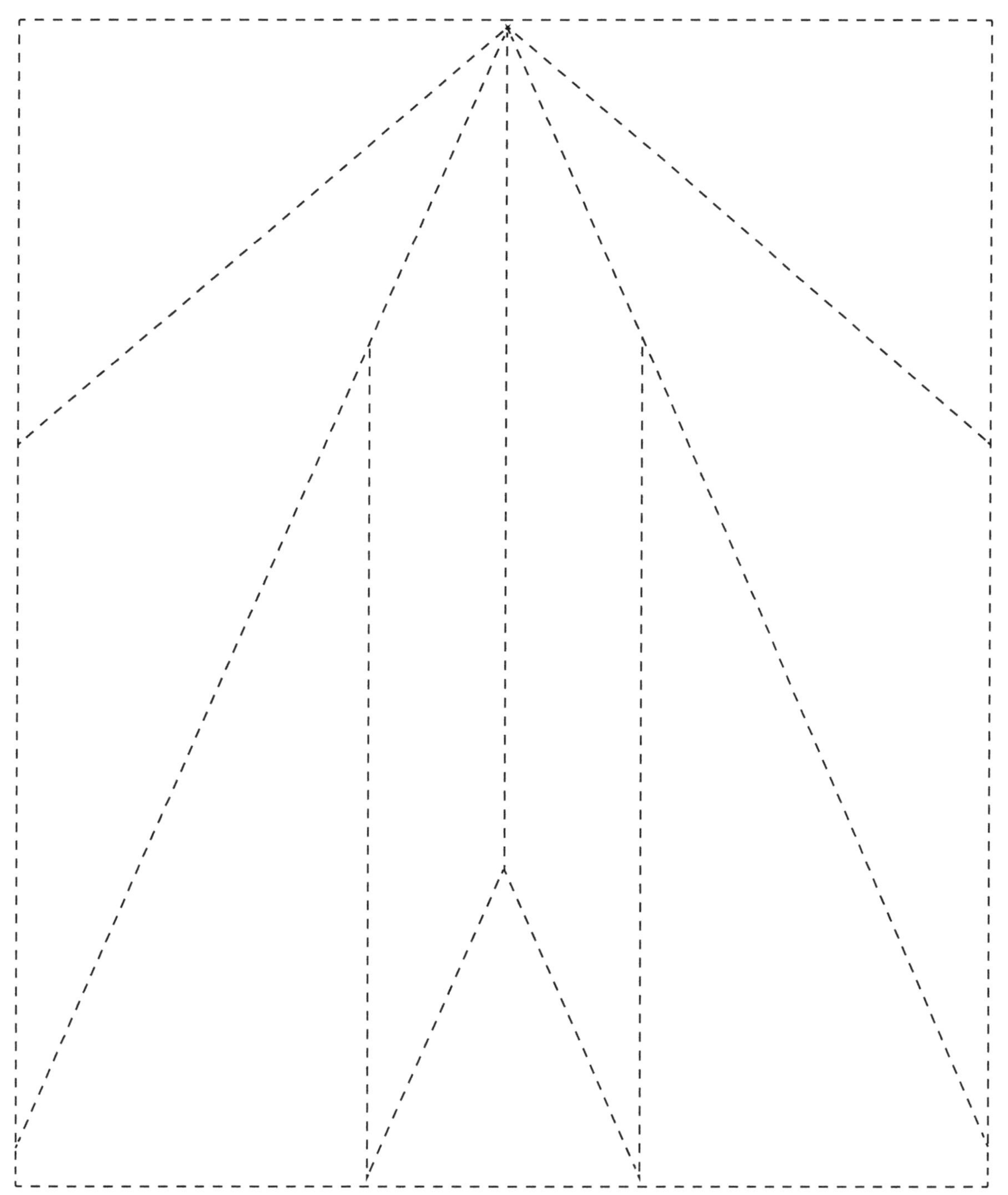

HEBE AB!

Falte einen Papierflieger aus dieser Seite.

SCHREIBE ALLES AUF DIESER SEITE RÜCKWÄRTS.

SCHREIEN, SCHREIEN, ALLES RAUSLASSEN

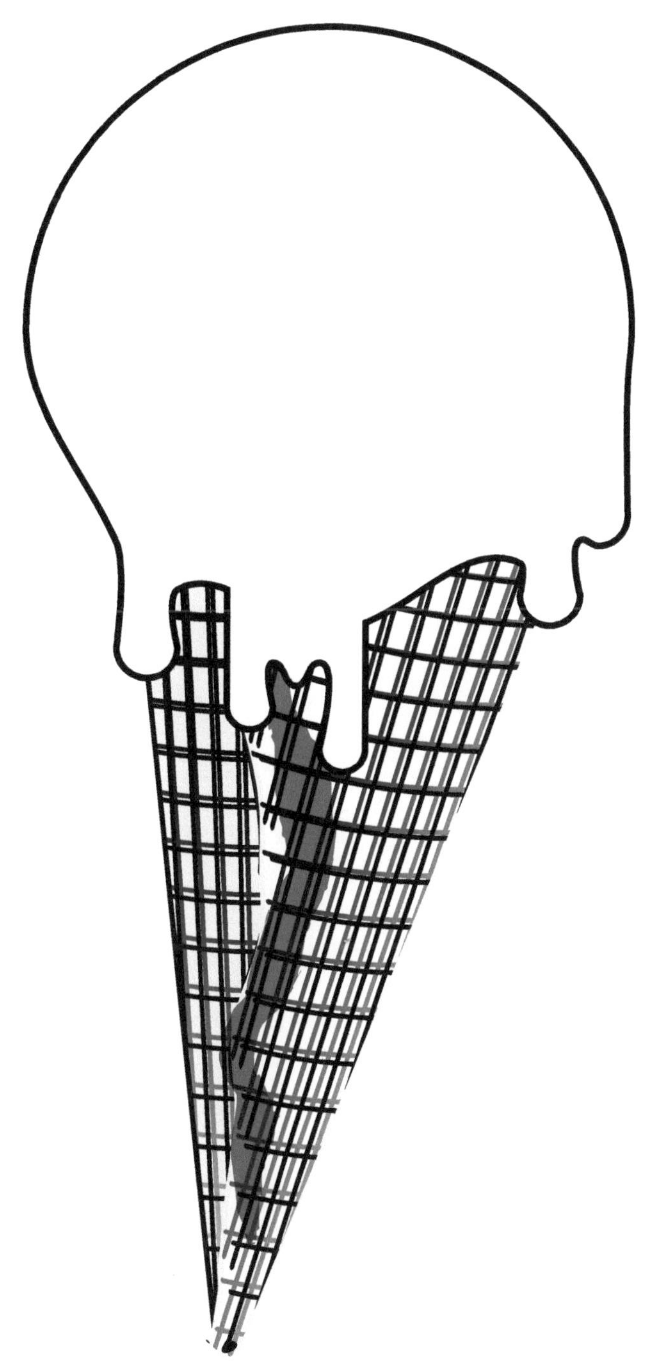

SÜSSE FLUCHT

Schnell! Das Eis schmilzt! Iss etwas Buntes und lecke das Eis bevor es weggeschmolzen ist.

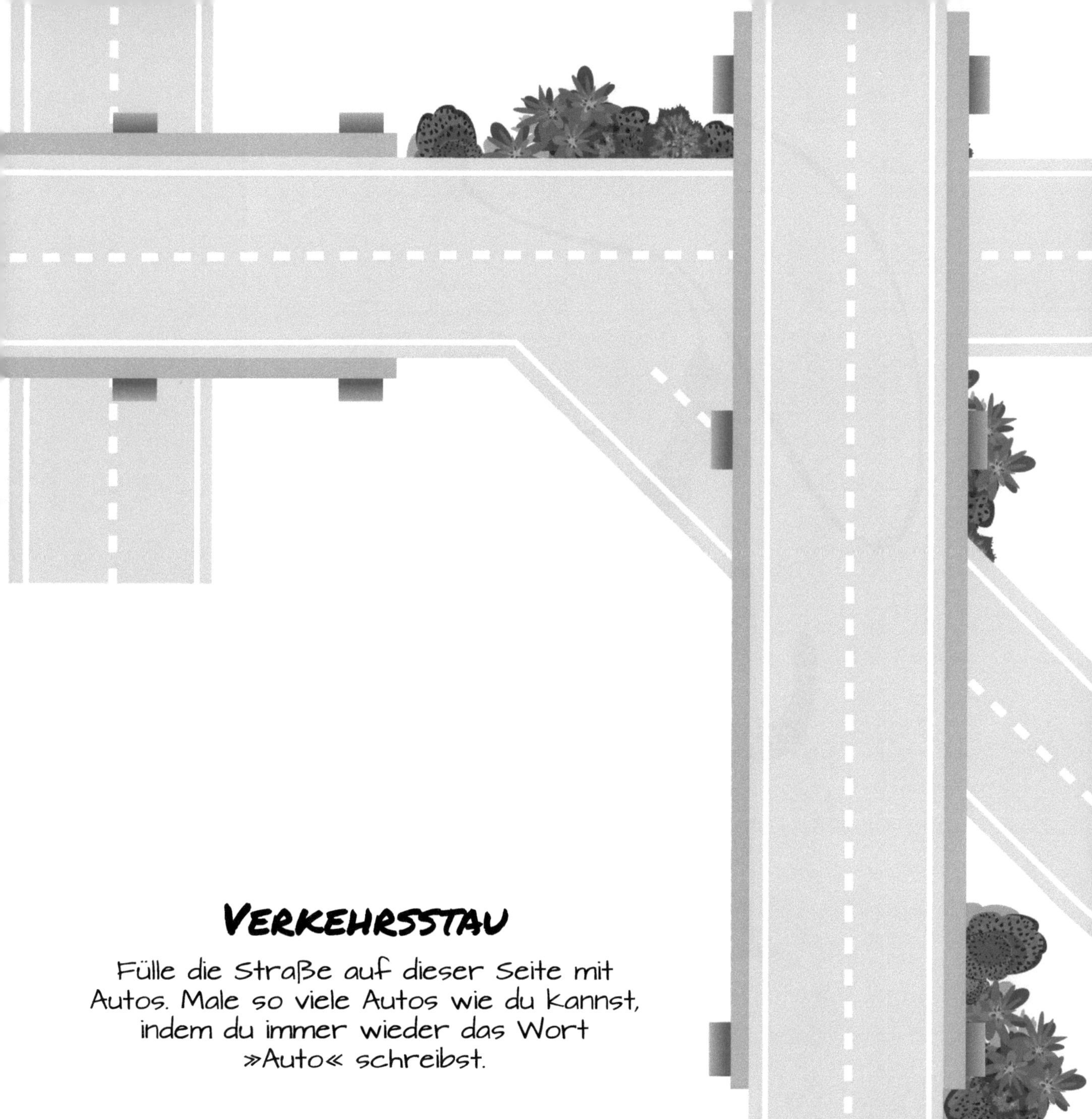

VERKEHRSSTAU

Fülle die Straße auf dieser Seite mit
Autos. Male so viele Autos wie du kannst,
indem du immer wieder das Wort
»Auto« schreibst.

Gib's ihm, Cowboy!

Rollenspiele sind immer eine gute Idee! Tu so als wärst du ein
Cowboy und wickel eine Schlinge um den Buchrücken und
schleudere es wild herum! Hab keine Angst, die Wände zu treffen!
Yippie Yeah!

Oh, nein! Das Tagebuchmonster ist aufgetaucht! Verteidige dich, indem du es bis zur Unkenntlichkeit zerkratzt!

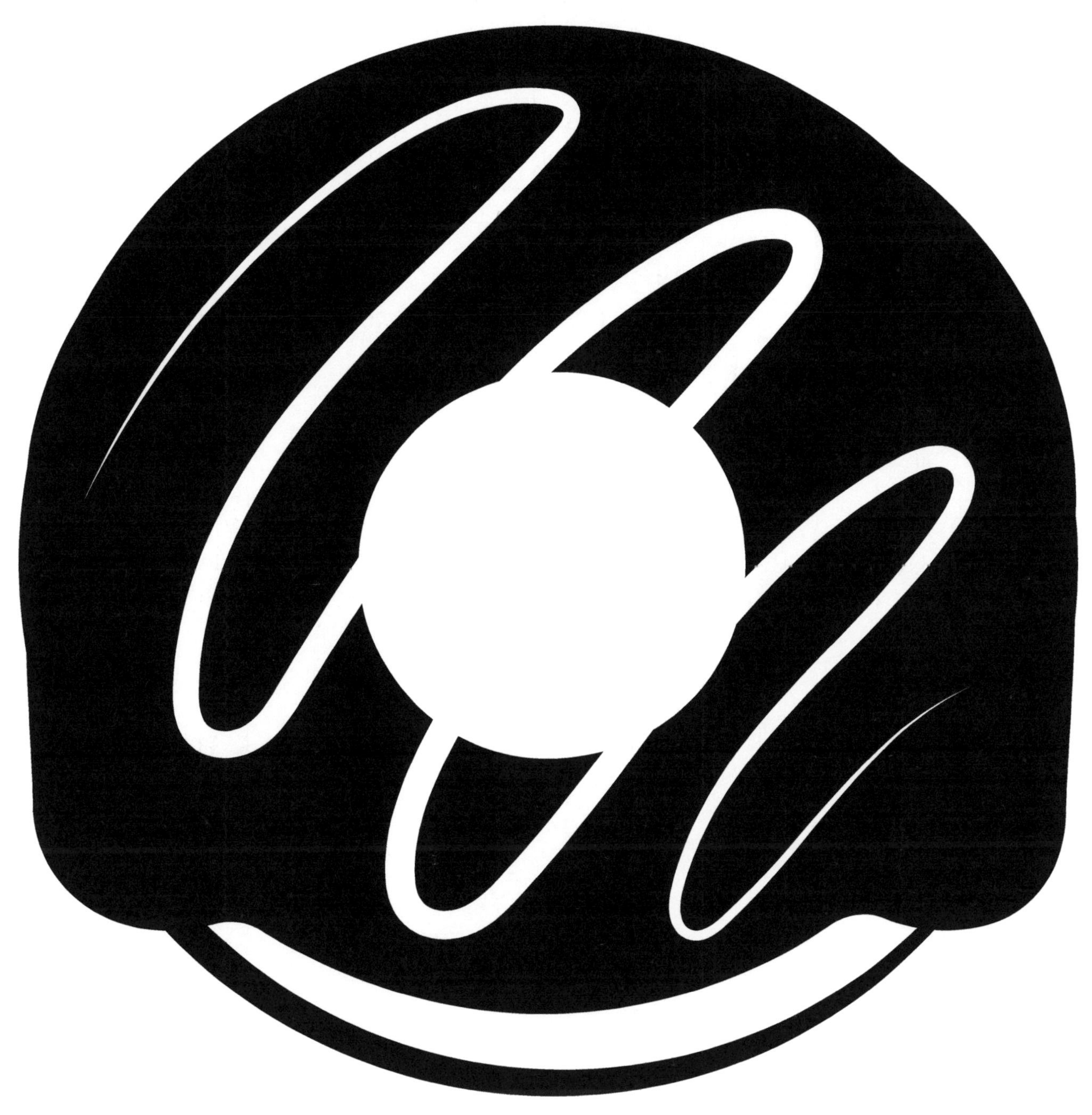

KAU DIESE SEITE

Achtung: Nicht runterschlucken! Spucke die zerkaute Seite aus.

BLEIB SAUBER!

Dieser Rücken muss mal wieder geschrubbt werden. Reibe ein Seifenstück auf diesem Rücken bis er wieder »sauber« ist.

BUCKETLIST

Fülle den Eimer mit Dingen, die du in deinem Leben noch tun möchtest. Schneide dafür Worte aus einer Zeitschrift oder einer Zeitung aus.

GLAS DER POSITIVEN GEDANKEN

Fülle dieses Glas bis es überläuft mit Affirmationen und Dingen, in denen du gut bist. Stelle sicher, dass es überläuft.

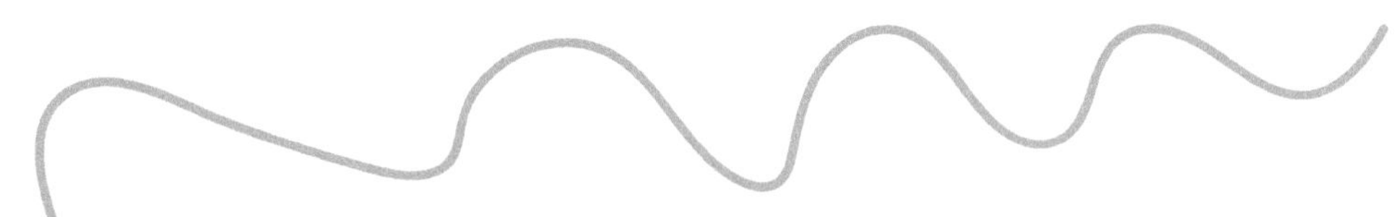

ZEICHNE LINIEN MIT UNGEWÖHNLICHEN SCHREIBUTENSILIEN, DIE DU IN TINTE ODER FARBE TAUCHST.

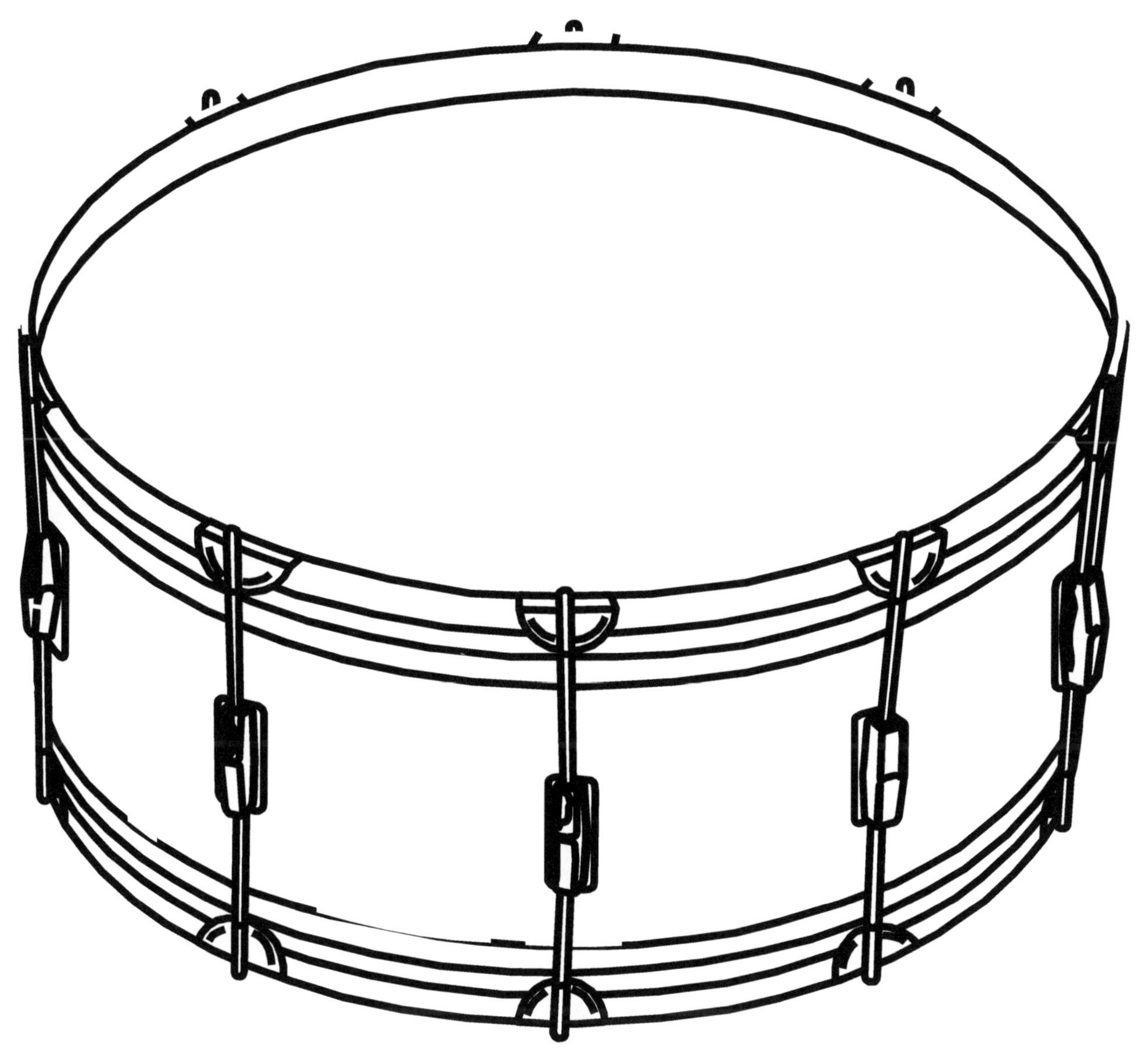

HAU DRAUF!

Spiel Schlagzeug auf dieser Seite mit einem Kugelschreiber oder einem Stift. Stelle sicher, dass du sichtbare Zeichen hinterlässt!

KNOPF HOCH!
Nähe Knöpfe auf
dieses Hemd.

MAL GEWINNST DU, MAL VERLIERST DU!

Also verliere diese Seite (reiße sie raus!) und akzeptiere den Verlust.

GRÜNER DAUMEN

Hilf den Pflanzen auf der nächsten Seite zu wachsen und gib ihnen Erde! Verreibe mit deinen Fingern Schmutz auf dieser Seite bis du sie mit genügend Erde für das Gedeihen deiner Pflanzen gefüllt hast.

Giesse deine Pflanzen

Nachdem du deine Pflanzen mit Erde versorgt hast, ist es Zeit ihnen Wasser zu geben! Nimm dieses Buch mit unter die Dusche, mit der geöffneten Gartenseite.

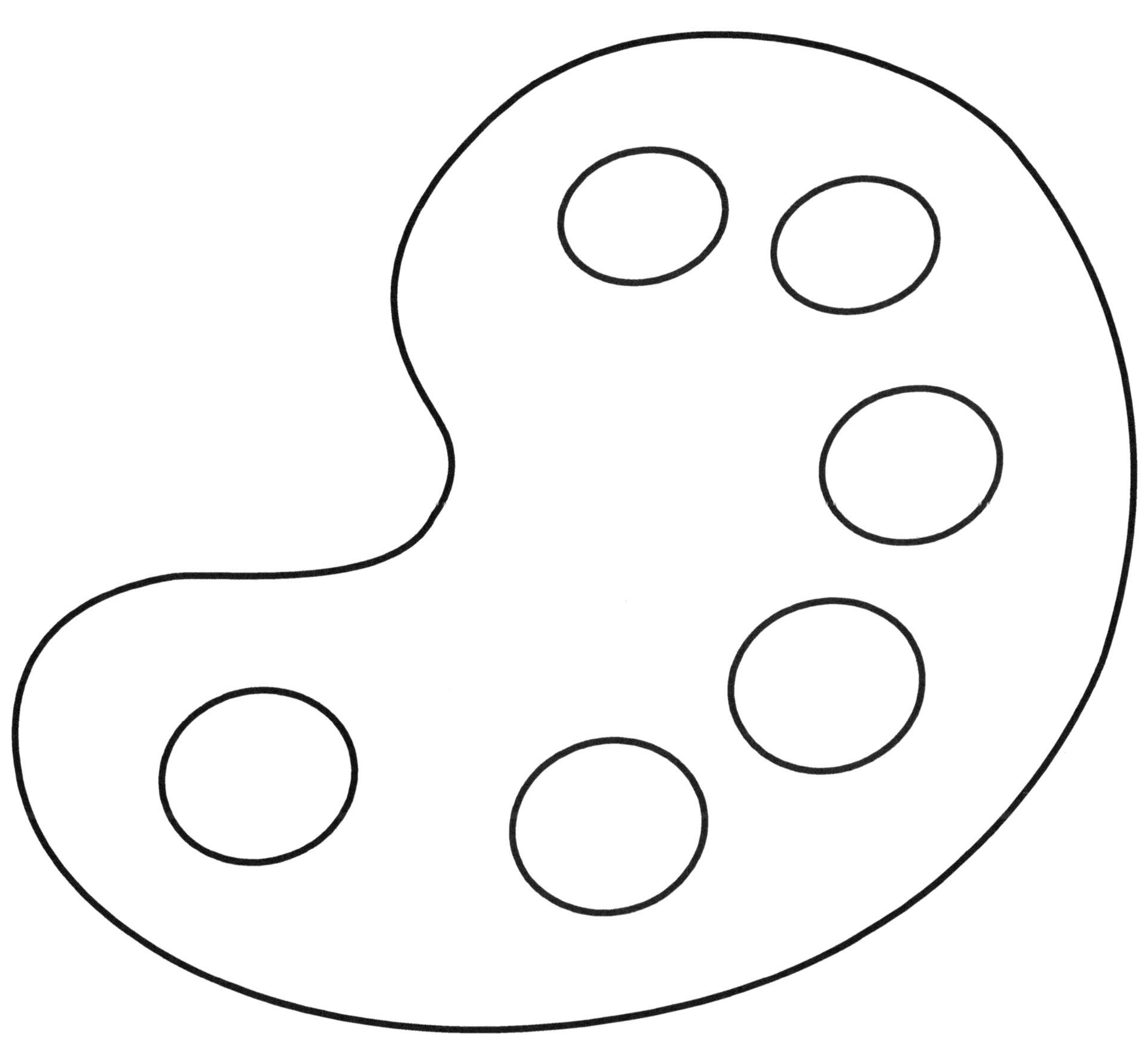

FARBFLUT!

Dein Tuschkasten sieht etwas leer aus. Kippe hier verschiedenfarbige Flüssigkeiten aus und schließe das Buch, um Abdrücke auf dieser Seite zu machen.

Es sind die banalen Dinge, die zählen.
Beschreibe auf dieser Seite in
Einzelheiten ein langweiliges Ereignis.

Ein Fisch auf dem Trockenen

Oh, nein! Deby, der Goldfisch, hat sich auf seinem Heimweg verlaufen. Jetzt ist er auf dem Strand gelandet, ohne Chance zurück ins Meer zu kommen! Hilf Deby, dem Goldfisch, seinen Weg nach Hause zu finden, indem du die ganze Seite in der Farbe des Meeres anmalst.

ZEIG HER, WAS DU HAST!

Hole die Dinge aus deiner Tasche (oder deinen Hosentaschen) und zeichne sie auf dieser Seite nach. Lasse die Ränder überlappen.

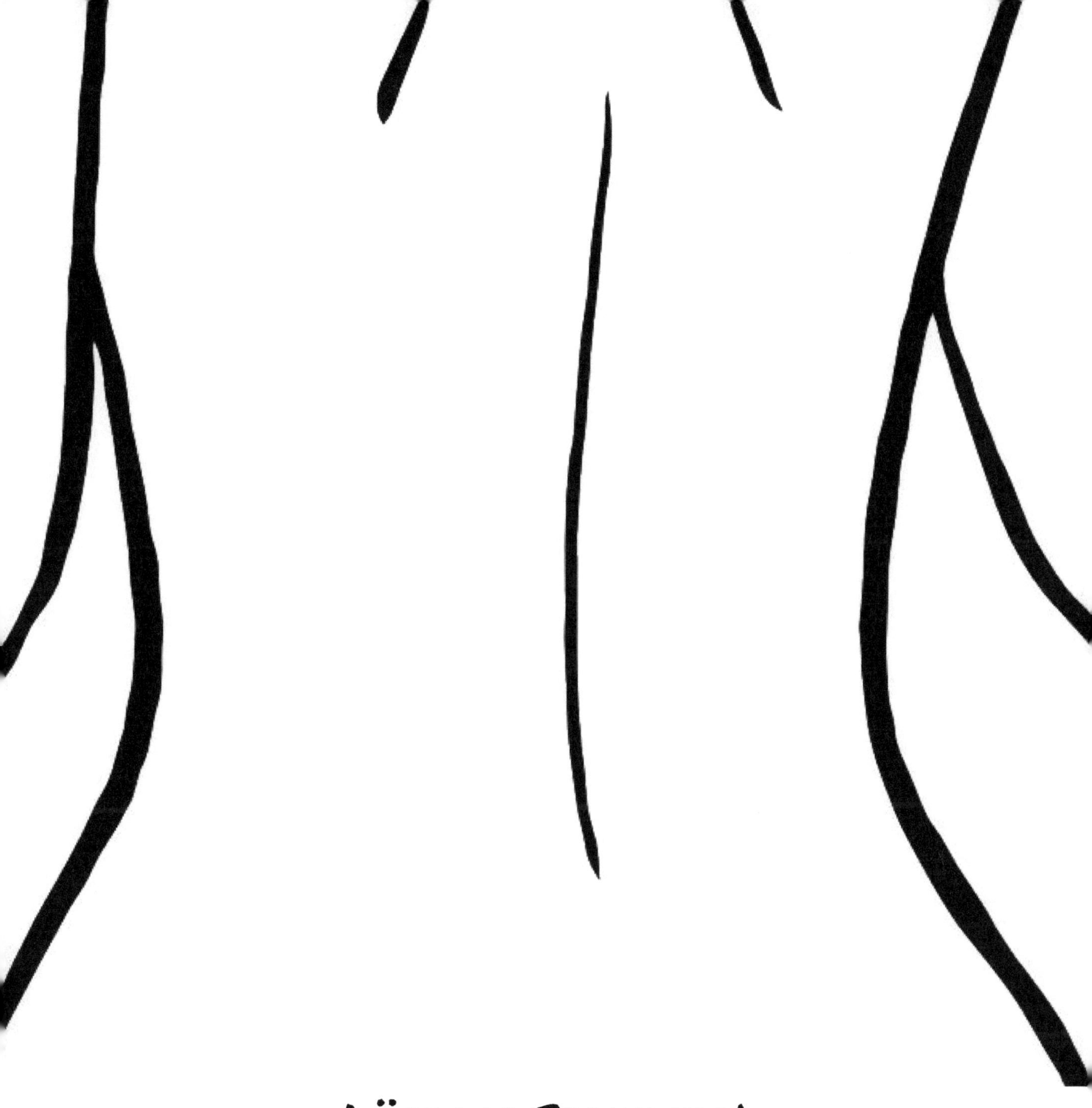

LÖSE DIE SPANNUNG!

Akupunktur ist eine Form der alternativen Behandlung, um Schmerzen zu lindern, die du in deinem Körper spürst. Hilf diesem verspannten Rücken, indem du mit einer Nadel Löcher in diese Seite stichst!

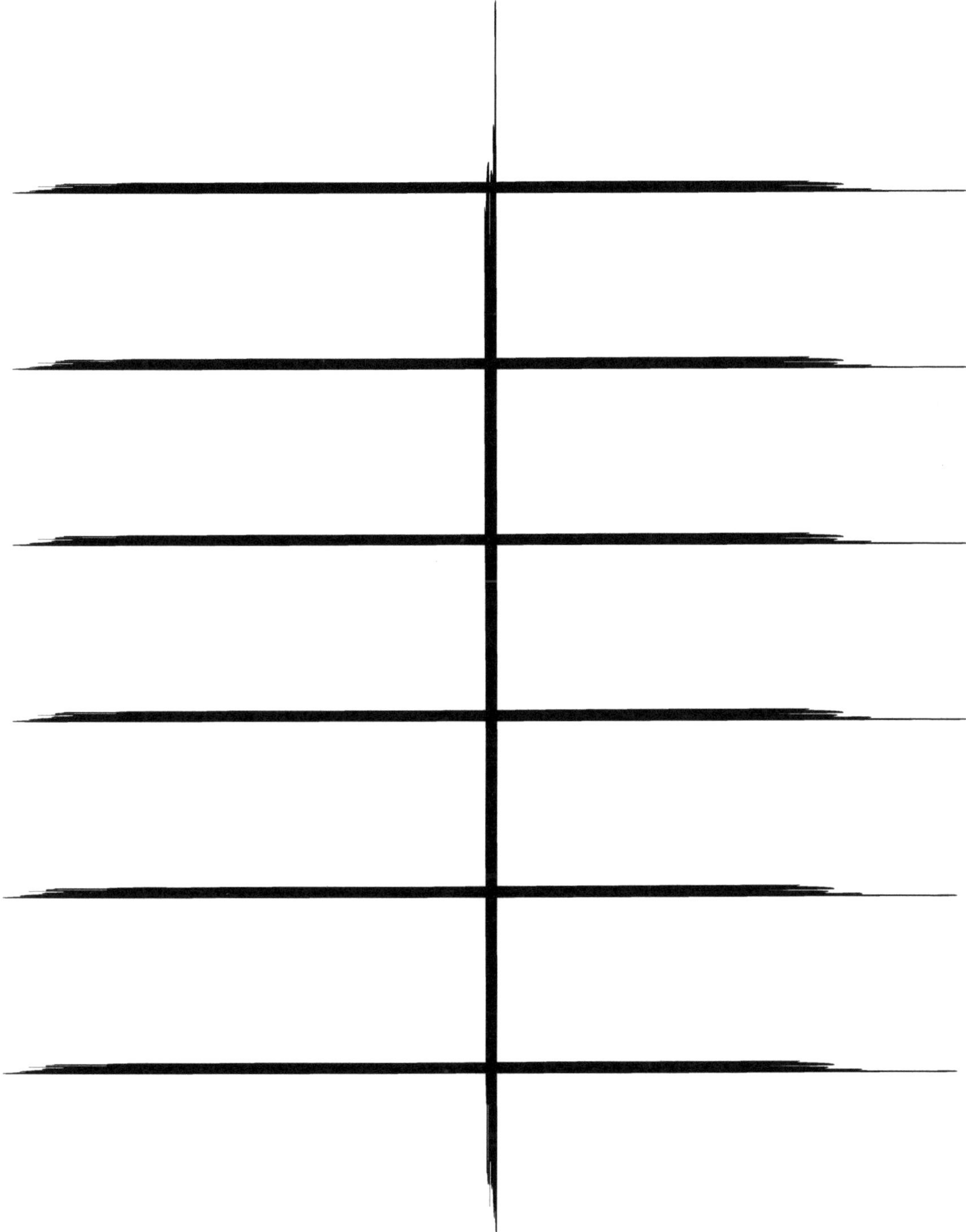

FEIERE DEINE UNORDNUNG

Nutze diese Seite als Fleckprotokoll eines ganzen Tages. Notiere auf dieser Seite alle Flecken, die du den Tag über siehst.

SEI WILD!

Kit, das Stachelschwein, hat anscheinend all seine Stacheln verloren.
Hilf ihm und kritzel wild herum, aber nur mit geliehenen Stiften.

SAUBER UND FERTIG

Hab keine Angst davor, eine Sauerei zu machen. Du kannst sie mit dieser Seite wegputzen.

DIES IST EINE SEITE DER POSITIVEN GEDANKEN.
FÜLLE SIE MIT INHALT, DER AUS DEINEM
HERZEN KOMMT.

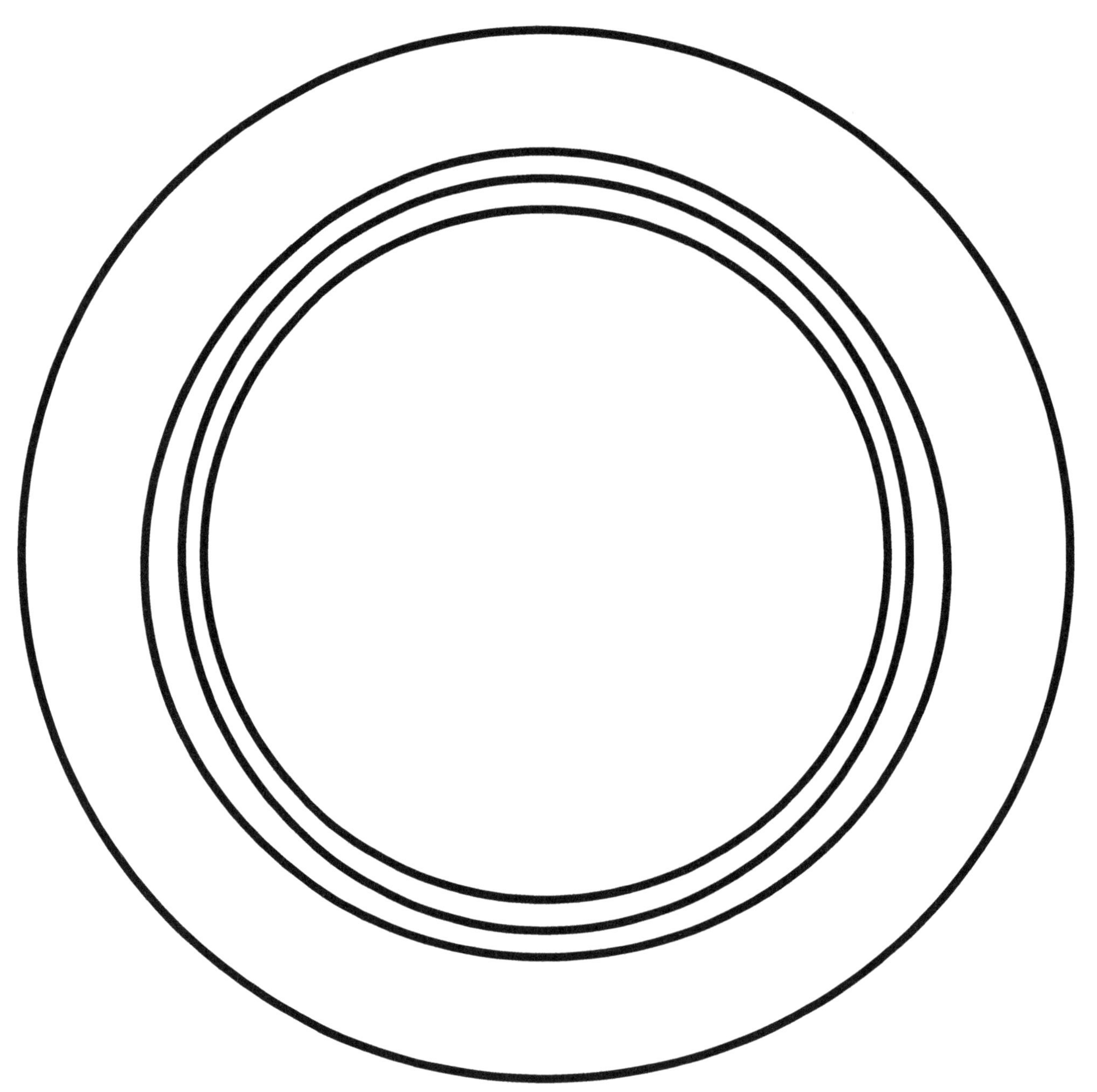

Iss dein Grünzeug!

Fülle deinen Teller mit einer gesunden Mahlzeit. Nimm dafür aufgeschnittenes Gemüse, das du in Tinte tauchst und benutze es als Stempel.

Freunde, die zusammen aktiv sind, bleiben zusammen.

Bitte einen Freund, etwas Zerstörerisches mit dieser Seite zu tun. Guck nicht zu!

KLEBESPASS!

Klebe hier irgendwelche willkürlichen Dinge ein.

Schleuder, schleuder!

Reisse diese Seite raus, stopfe sie in deine Hosentasche und dann die Hose in die Waschmaschine. Danach lege die Seite wieder in dieses Buch.

Durchschneiden, um durchzukommen!

Manchmal müssen wir reine Gewalt anwenden, um etwas Schwieriges zu lösen. Hab keine Angst und nimm dir etwas Scharfes, mit dem du mehrere Seiten auf einmal zerschneidest!

MALE MIT BUNTEN FARBEN
AUSSERHALB DER LINIEN.

LASSE DIESES BUCH AN EINEM ÖFFENTLICHEN ORT LIEGEN UND FORDERE MENSCHEN AUF, ETWAS AUF DIESER SEITE ZU ZEICHNEN.

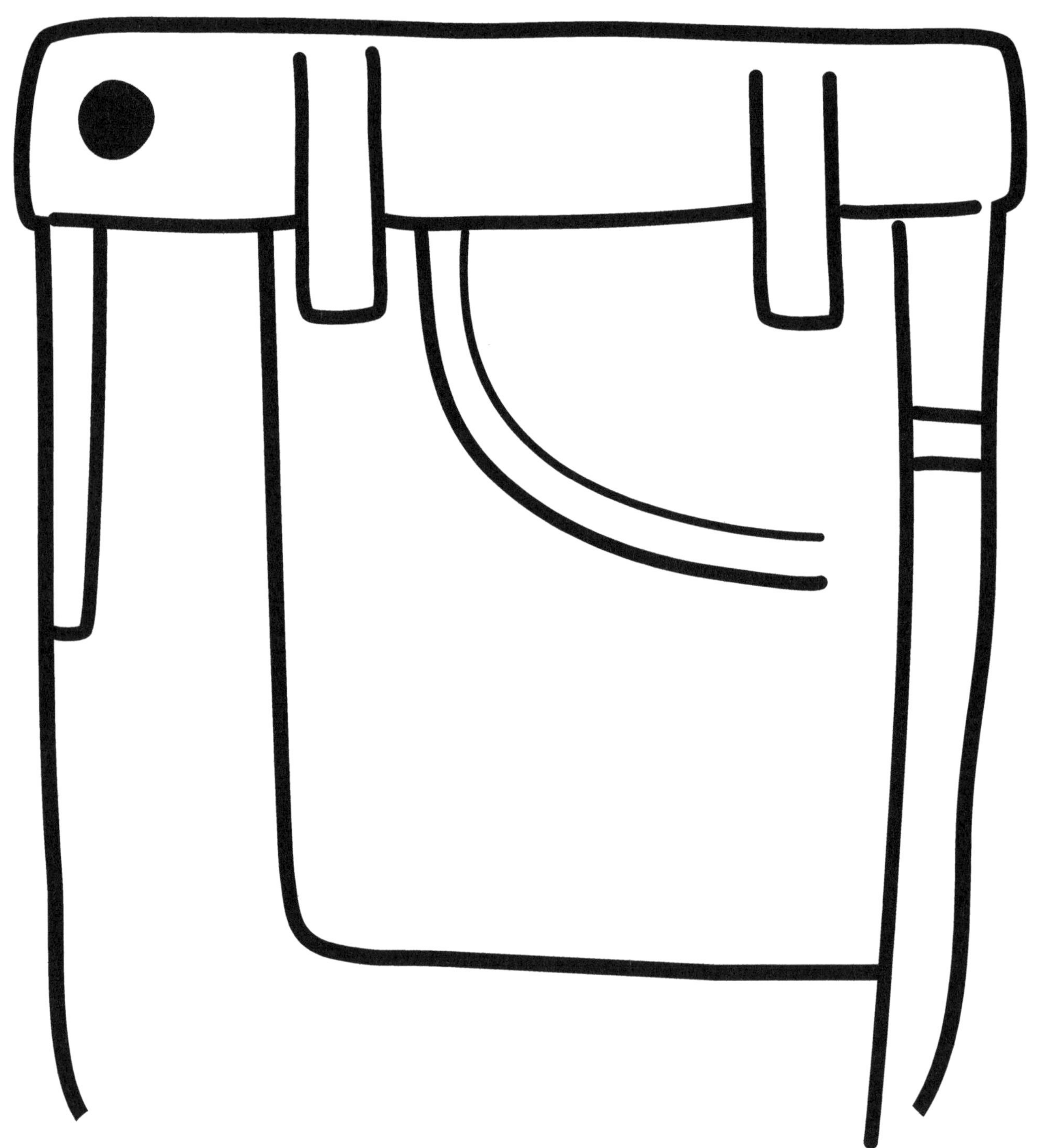

GREIF REIN!

Sammel die Flusen in deiner Hosentasche und klebe sie hier ein.

SCHREIBE AUF DIESER SEITE IRGENDEIN WORT
IMMER UND IMMER WIEDER.

SAMMEL VERSCHIEDENE FLÜSSIGKEITEN IN DEINEM HAUS UND BESCHREIBE SIE HIER.

LASS DEIN HAAR HERUNTER!

Zeichne etwas mit einem oder mehreren deiner Haare.

LASS ES RAUS!

Manchmal sind wir so wütend und frustriert, dass unsere eigenen Gedanken überhaupt keinen Sinn mehr ergeben. Um dieses Durcheinander zu entwirren, schreibe auf dieser Seite deine Gedanken auf, wenn du das nächste Mal richtig wütend bist.

SCHREIBE ODER ZEICHNE MIT DEINER
schwächeren Hand.

WERDE KREATIV!

Finde eine Art, dich mit diesem Buch zu bekleiden. Beschreibe oder zeichne auf dieser Seite dieses Erlebnis.

HIER IST PLATZ FÜR NEGATIVE KOMMENTARE.

FINGERSTIL!

Zeichne ein paar Linien mit einem Kuli oder Stift, befeuchte deinen Finger und verschmiere die Linien.

KURZ UND KNAPP.

Diese Seite ist für Wörter mit nur vier Buchstaben.

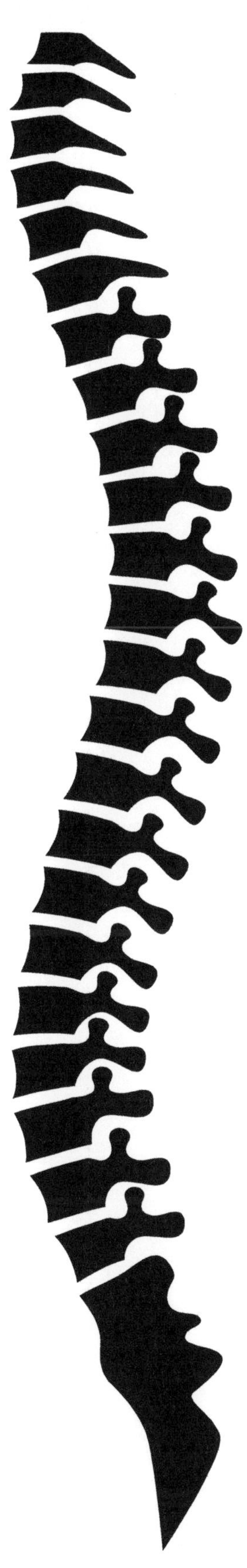

SEI FLEXIBEL!

Manchmal müssen wir uns im Leben an unterschiedliche Situationen anpassen. Das geht nicht immer geradeaus. Also zerreisse den Rücken dieses Buchs und passe dich der Situation an!

GELD IN DEINEM MUND!

Schreibe oder zeichne mit dem Stift in deinem Mund den besten Kauf, den du jemals gemacht hast.

TEILEN MACHT GLÜCKLICH

Verschenke deine Lieblingsseite aus diesem Buch, aber beschreibe
die Seite hier, damit du sie nie vergisst.

HÖRE MICH BRÜLLEN!

Dany, die Katze, hat im Park ihre Freunde verloren. Hilf ihr, indem du ununterbrochen mit ihr miaust! Tu das mit unzähligen Miaus auf dieser Seite. Miau!

LIEBES TAGEBUCH, HEUTE ...

Zufällige Tage wollen auch erinnert werden. Suche dir irgendeinen
Tag heraus und beschreibe wie die Zeit vergeht.

DIESER PLATZ IST FÜR INNERE MONOLOGE
reserviert. WAS GEHT IN DIR VOR?

BLITZSAUBER!

Schrubbe diese Seite bis all der Müll verschwunden ist.

BEHALTE ES FÜR DICH!

Verstecke eine geheime Botschaft irgendwo auf dieser Seite.
Kritzel mit all deinen verfügbaren Stiften darüber. Fülle die ganze
Seite bis du dein Geheimnis verborgen hast.

NIMM DIESES BUCH MIT INS BETT UND BESCHREIBE DANN DIE ERFAHRUNG AUF DIESER SEITE

BEENDE DAS BUCH

Jetzt schreibe oder kritzel etwas an die Kanten dieser Seite.
Danach komme zurück auf die Seite, schließe deine Augen und
male blind irgendetwas drauf.

VERSTECKE DIESE SEITE IN DER HOSENTASCHE
ODER TASCHE VON IRGENDJEMANDEM UND
HINTERLASSE EINE NOTIZ FÜR DIESE PERSON.

Druckhinweis:

Libri Plureos GmbH

Friedensallee 273

22763 Hamburg

IMPRESSUM